I0814784

Mi vida con
una familia
ensamblada
escrito por Mari Schuh
arte por Alice Larsson

Publicado por Amicus Learning, un sello de Amicus
P.O. Box 227, Mankato, MN 56002
www.amicuspublishing.us

Editora: Rebecca Glaser
Diseñador de la serie: Kathleen Petelinsek
Diseñador de libro: Kim Pfeffer

Library of Congress Cataloging-in-Publication Data
Names: Schuh, Mari C., 1975- author. | Larsson, Alice, illustrator.
Title: Mi vida en una familia ensamblada / by Mari Schuh ; illustrated by Alice Larsson.
Other titles: My life with a blended family. Spanish
Description: Mankato, MN : Amicus Learning, 2025. | Series: Mi vida con... | Audience: Ages 6–9 | Audience: Grades 2–3 | Summary: "Meet Karson! She likes basketball, cheerleading, and reading. She is also part of a blended family. Karson is real and so are her experiences. Learn about her life with a stepparent and stepbrothers in this illustrated narrative nonfiction picture book for elementary students"—Provided by publisher.
Identifiers: LCCN 2023045323 (print) | LCCN 2023045324 (ebook) | ISBN 9781645499961 (paperback) | ISBN 9781645499701 (hardcover) | ISBN 9798892000635 (ebook)
Subjects: LCSH: Stepfamilies—Juvenile literature.
Classification: LCC HQ759.92 .S39 2025 (print) | LCC HQ759.92 (ebook) | DDC 306.874/7—dc23/eng/20231011
LC record available at https://lccn.loc.gov/2023045323
LC ebook record available at https://lccn.loc.gov/2023045324

Printed in China

Acerca de la autora

El amor de Mari Schuh por la lectura comenzó con las cajas de cereal en la mesa de la cocina. Hoy es autora de cientos de libros de no ficción para lectores principiantes. Con cada libro, Mari espera ayudar a los niños a aprender un poco más sobre el mundo que los rodea. Encuentra más información sobre ella en marischuh.com.

Acerca de la ilustradora

Alice Larsson es una ilustradora originaria de Suecia que vive en Londres. Creativa por naturaleza, le emociona poder conectar los personajes con las historias a través de su trabajo. Además de dibujar, a Alice le encanta pasar tiempo con su familia y amigos, además de leer libros y viajar, ya que así desata su creatividad.

¡Hola! Me llamo Karson. Probablemente tenemos mucho en común. Me encanta leer y bailar. También me gusta el baloncesto y ser porrista. Puede que también seamos diferentes. Pertenezco a una familia ensamblada. Déjame contarte un poco sobre mi vida.

Las familias ensambladas se forman cuando dos personas se casan y una o ambas ya tienen hijos con otra persona. Las familias ensambladas también se conocen como familias mixtas.

Durante la semana, vivo con mi mamá, mi padrastro, mi hermanastro y mi medio hermano. Los fines de semana visito a mi papá.

Mi mamá y mi papá se divorciaron cuando yo era bebé. Cuando tenía cinco años, mi mamá empezó a salir con un hombre que se llama Andre. Lo conocí tres meses después. Yo me sentía nerviosa y tímida. Andre fue amable y simpático, y eso me hizo sentir mejor.

Durante muchos meses, mamá, mi medio hermano Kellen y yo llegamos a conocer mejor a Andre. Los viernes por la noche, Andre nos invitaba a su casa a ver películas. Se convirtió en una nueva tradición para nosotros.

Cuando mamá y Andre se casaron, todos los hijos estuvimos en la boda. Nos sentíamos queridos. En la boda, Andre se convirtió en padrastro de Kellen y de mí. Su hijo, Fitz, se convirtió en nuestro hermanastro.

Lleva tiempo y trabajo ensamblar familias. Cada familia tiene sus propias tradiciones y reglas. Mi papá me deja comer golosinas en el auto. Mi mamá y mi padrastro no me lo permiten. Ellos me recuerdan que tienen reglas diferentes.

Amo a mis dos papás. Pensé en cómo debería llamarlos. No quería herir los sentimientos de mi papá por llamar "papá" a mi padrastro. Así que decidí llamar "papi" a mi papá. A mi padrastro lo llamo "padre".

Durante la semana, extraño a mi papá. Hablamos por teléfono todos los días. Me emociona verlo cada fin de semana. Cuando lo visito, no necesito empacar. Tengo ropa y juguetes en las dos casas. A veces los planes cambian. Cuando tengo clase de baile o una fiesta de cumpleaños el fin de semana, mamá me recoge temprano de la casa de papá.

Todos en mi familia nos apoyan a mí y a mis hermanos. Cuando Kellen juega al baloncesto, todos lo animamos. ¡Yo soy la que más aplaude! Cuando tengo una exhibición de baile o un partido de baloncesto, toda la familia viene a verme. Me siento muy querida.

En casa, estoy ocupada. Mi padrastro es un cocinero. Me enseña a cocinar y a hornear. A veces lo ayudo a hacer galletas. Mientras horneamos, le cuento sobre mi día en la escuela. Escucha mis historias. Luego me cuenta historias de cuando él era pequeño.

En la escuela, Fitz y yo estamos en la misma clase. Al principio, nuestros compañeros no sabían que éramos hermanos. Eso es porque tenemos apellidos diferentes.

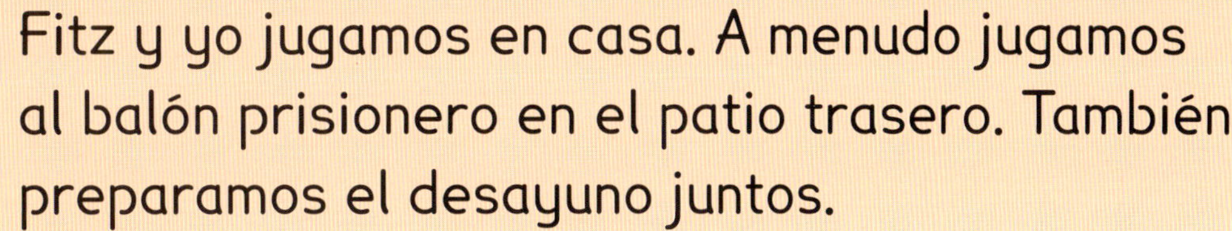

Fitz y yo jugamos en casa. A menudo jugamos al balón prisionero en el patio trasero. También preparamos el desayuno juntos.

Hay muchas formas de formar una familia. Algunos de mis amigos viven con su madre y su padrastro, como yo. Otros amigos viven con su mamá y su papá. Me siento afortunada de tener una familia ensamblada. Significa que más gente me quiere y se preocupa por mí.

Conoce a Karson

¡Hola! Soy Karson. Vivo en Carolina del Sur con mi familia ensamblada. Me gusta bailar, jugar al fútbol y leer. Todos los días, después de escuela, leo por una hora. Las galletas de azúcar de mi padrastro son mi postre preferido. El azul bebé y el rosa claro son mis colores favoritos. Cuando sea mayor, quiero ser diseñadora de moda o bailarina.

Respetar a las personas que tienen familias ensambladas

Una persona con una familia ensamblada puede ir y venir entre dos hogares. Si sus planes cambian y no pueden jugar contigo, sé comprensivo. Intenta encontrar un nuevo horario que funcione para ambos.

Recuerda que las madrastras y los padrastros son los padres de sus hijastros. A menudo ayudan a tomar decisiones para sus hijos, tal como lo hacen las mamás y los papás.

Como cualquier persona, es posible que los niños que tienen familias ensambladas no quieran hablar de sus familias. Si es así, respeta su privacidad. No hagas preguntas sobre sus padres y hermanos.

No hay dos familias iguales. Cada familia tiene sus propias actividades, reglas y tradiciones. Esto también se aplica a las familias ensambladas.

Respeta los nombres de los padres en las familias ensambladas. Algunos niños pueden llamar a su madrastra por su primer nombre. Otros niños podrían llamarla mamá. Utiliza el nombre que usa la familia. Si no lo sabes, pregunta amablemente.

Ensamblar dos familias lleva tiempo. Sé un buen oyente si tu amigo quiere hablar de su nueva familia.

Términos útiles

divorcio La terminación de un matrimonio por parte de un tribunal.

medio hermano Un niño que comparte solo uno de los padres con un hermano.

nervioso Estar preocupado o temeroso.

hermanastro El hijo del padrastro o la madrastra de alguien.

tradición Las actividades, ideas y creencias de una familia a lo largo de mucho tiempo.